Gerardo Gutiérrez Manzano

Esencia Viva. El concepto

Gerardo Gutiérrez Manzano

Esencia Viva. El concepto

Sobrevivientes emergiendo desde las aguas del mediterráneo

JustFiction Edition

Imprint

Cover image: www.ingimage.com

Publisher:
JustFiction! Edition
is a trademark of
Dodo Books Indian Ocean Ltd., member of the OmniScriptum S.R.L Publishing group
str. A.Russo 15, of. 61, Chisinau-2068, Republic of Moldova Europe
Printed at: see last page
ISBN: 978-620-3-57842-3

Esencia Viva, El concepto

Comenzamos comprendiendo que todos somos .....Sobrevivientes y explicamos que todo es una señal y tiene un significado o interpretación de cada uno de nosotros los humanitos en tiempo presente.

Recorremos vivencias y experiencias de cinco esencias fusionadas en un periodo de 140 años.

Detallamos un lema de vida de un humanito que vive más de un siglo de vida con cuerpo físico.....

Concluimos nuestro concepto con Serenidad.

Realmente encontramos trece temas en total y ahora mencionaremos algunos:

-Numerología diversidad

-Energía positiva para nosotros igual a Dios….

-Colores significado

-Lenguajes, Idiomas, dialectos…comprensión

-Tiempo presente infinito inclusivo

-Familia, Amistad, Esencia, alma, espíritu….

-Amor.....Vida y conectividad.

Es un concepto para todos nosotros los humanitos en general, a nuestras madres, nuestros padres y nuestros hijos en particular, dedicado.

A mi Ro especialmente mi conexión, fusión con nuestra familia y con.....México lindo y querido.

Agradecemos en nuestra esencia a todas y todos los humanitos que contribuyen a nuestro sueño hecho realidad, a cumplir nuestra misión....

Por último, a Barcelona y España por permitirme residir y creer, crear, vivir nuestra arte aquí.

Una mención especial a la Edición académica española por la paciencia y la publicación de 13 nuestra.....literatura. Viva Ro, México.....España.

Guía de Contenido

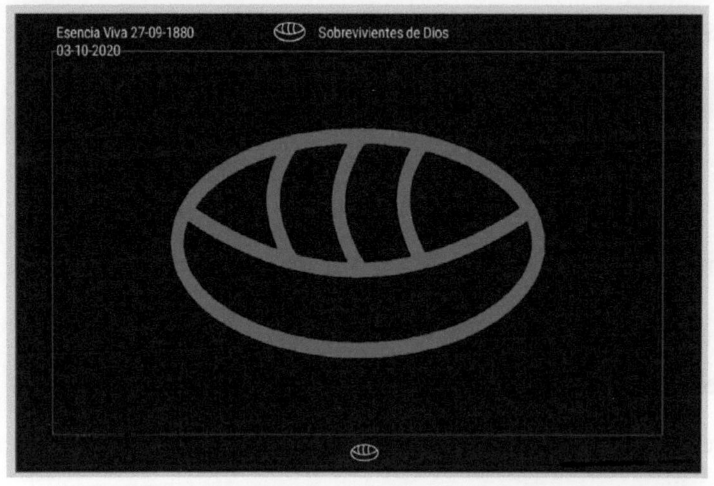

(0 maya) Sobrevivientes de Dios

Nacemos y hacemos una travesía conectados en el mar esencial.....logramos fusionar cinco..... esencias.

Recorremos veinte años del siglo XIX, el siglo XX y veinte años del siglo XXI.....a través de tres siglos.

Somos cuatro hombres y una maravillosa mujer.

Existimos cuatro esencias en la tierra y una en el cielo universal, cinco rostros, imágenes blanco y negro fusionadas en la tierra.

Dios nos Bendice.....

Comprender que no somos culpables ni inocentes tampoco asertivos o erráticos.....somos pequeños, simples humanitos comparados con el universo.

Comenzamos nuestra experiencia siendo

sobrevivientes de Dios, como cada uno lo percibimos, algunos ateos dicen que son ateos gracias a Dios y en lugar de burlarse están reconociendo realmente su existencia.

Respetamos cualquier interpretación de Dios como luz, universo, naturaleza espíritu.....

Para nosotros Dios es lo mismo que energía positiva y amor pur@s haciendo el bien.

La esencia viva es todo lo que sentimos e intuimos, emociones con latidas.....tod@s estamos conectadas en el mar de esencias.

Estamos nuestro abuelo, nuestro padre, nuestra madre, nosotros y nuestros hijos en especial el menor plasmados en la presencia viviente del portal maestro en esencia viva, palpable.

Cuatro esencias fusionadas en la única que no tiene cuerpo físico desde 1950 tiempo presente..... cinco elementos.

GER es nuestro seudónimo de autor, inicio de nuestro nombre en su origen germánico, francés, español, italiano, portugués, griego con el mismo comienzo tres letras envueltas en un circulo infinito.

Somos un rectángulo naranja intenso donde cada raya representa una de las esencias fusionadas con cuerpo físico empezando de la.....esquina.....izquierda abajo una de las líneas largas la más gruesa que representa a nuestro hijo menor hacia arriba izquierda, después seguimos nosotros con la más gruesa corta de arriba izquierda a derecha.....nuestra madre representa la que baja del lado derecho y nuestro padre representa la de abajo de derecha a izquierda.

El rectángulo completo es nuestro abuelo al igual que el rostro más grande.

Cada ángulo de 90 grados representa también una de las cuatro esencias vivas con cuerpo terrenal.

Nuestro autógrafo son ocho, ocho..... horizontales y entrelazados que significan doble infinito.....(dos signos infinitos entrelazados)

Se distinguen nueve ojos particularmente de nuestra madre uno de ellos completo y el otro se pierde atrás de nuestro abuelo ya que tiene una.....enfermedad crónico-degenerativa llamada degeneración de la macula y ve el dos por ciento de la vista de una persona 0.4/20.....

Doble infinito que son dos ochos horizontales entrelazados para nosotros significa 8+8=1+6=7 que .....es el numero de la suma de dígitos día, mes y año del nacimiento de nuestro hijo, día y mes de nuestro nacimiento.....

Hay en total nueve huecos en el doble ocho horizontal o doble infinito entrelazado que es el digito de nuestra historia en años de nacimiento de nuestras cuatro esencias vivas con cuerpo físico hoy.

Se fusionan la mano de nuestro padre con la nariz de nuestro abuelo.....

La suma de las esencias fusionadas con el numero de nacimento de nuestro abuelo día, mes y año....dan nuestra edad y sumando los dígitos resulta nuestro número fundamental. 5+8=1+3=4.

Por último, en números las fechas de nacimiento de nuestro padre y del lanzamiento de nuestra ..... Esencia viva, en el cumpleaños CIII es la idea de compartir con la humanidad.

03-X-1917=22=4

03-X-2020=8.....4+8=XII (signo infinito)

Lo más importante es la esencia viva en Braille para que la gente que no puede leer con los ojos sienta con sus manos las letras que compartimos para .....tod@s.

También el audio-libro es para ciegos y su cortometraje para sordos y mudos con lenguaje de señas que es el primer cortometraje digital.

Esencia Viva es en azul marino.....emergiendo desde las aguas del Mediterráneo precisamente fondo de nuestra introducción al recorrido.

El mar infinito del fondo da profundidad, es una imagen del Mar Mediterráneo, comienza los colores de gris por las imágenes blanco y negro a naranja de abajo a arriba para lograr que se perciban los cinco rostros de nuestra experiencia inédita.

El color anaranjado para nosotros es entusiasmo, pasión, fuerza, energía positiva, alegría, triunfo y en la comida buen sabor.....

En el fondo del mar mediterráneo se encuentran los dioses del Olimpo griegos y del imperio Romano.

Aqueloo logra tener el cuerno de la abundancia, es primogénito de Océano y Tetis y sus raíces

Etimológicas son (Aq>agua y loon<mayor) juntos son ríos de muchas aguas.....

Proteo>Proteus primogénito de Poseidón, Nereo u océano es el pastor de las mandas de focas de.....

.....Poseidón, tiene conocimiento del pasado y del futuro además de que puede cambiar de forma para evitar tener que hacerlo.....(signo infinito).

Glauco hijo de Poseidón o Nereo y Oceánida..... Davis.....primero pescador y después dios.

Ponto es el dios del mar en general.....Talasa es la diosa del mar y personificación del mar Mediterráneo precisamente.

Nereo y Taumante son los ancianos del mar.

Océano es realmente un titan, el hijo más viejo de Urano y Gea, emblema del mar tranquilo y prospero, es el guardián del mar.

Las nereidas son ninfas marinas inmortales, benévolas, guapas y jovencitas.....

Poseidón en latín es Neptuno y es el gran macho en el centro del harem..... dios del mar por excelencia y surgen de este, todos los dioses y semidioses de la mitología griega.

Finalizando con el gran Tritón que es hijo de Poseidón y mensajero de las profundidades marinas.

Es muy importante concluir que nosotros nos enfocamos en el concepto de Dios correcto para.....

Nosotros y respetamos a los demás seres humanos en su punto de vista personal correcto para cada

Quien.

Gracias de corazón a nuestros y nuestras bisabuelos y bisabuelas, abuelos, abuelas, en especial padre y madre por darnos el árbol genealógico y existir ahora, hoy y siempre en tiempo presente infinito, por permitirnos fusionar……...

Gracias a nuestra esposa por su tiempo, amor, paciencia y permitir que nazcan nuestros tres hijos hij@s sanos y de buen corazón.....

Gracias a nuestros hijos en especial al menor por tener confianza y comunicación conmigo en conectividad de esencias hasta lograr fusionar.....

Gracias a la humanidad por permitirnos escribir y leer para encontrar en este libro todo lo que les pueda servir y funcionar en vivir bienestar, con amor puro y mejorar nuestras experiencias.

Gracias a todas las personas que hemos

coincidido en la tierra en convivencia y comunicación.

Gracias de corazón a nuestro Dios por permitir

.....que nuestro corazón lata y nuestra alma intuya nuestra existencia y experiencias pequeñas y simples humanitas.....

Gracias a tod@s nuestras amistades verdaderas y familia leal por su confianza y comunicación, pero sobre todas las cosas por su cariño en el presente de nuestro trayecto.....las mejores amistades son siempre familia infinita.

GRACIAS SIETE VECES.

Seamos y hagamos amor y bondad con gratitud y amabilidad..... reconociendo nuestro valor.

I. Conexión.....Fusión 1880-2020

Nacemos y despertamos el 27 de Septiembre de 1880 en una diminuta población en España llamada todavía en el presente Benllera.

Está localizada en la provincia de León, España Europa.....el viejo continente.

Es una población que existimos un promedio de cien habitantes durantes estos ciento cuarenta años que somos en nuestro presente.

Quedamos solamente en los inviernos cuarenta personas por las condiciones climáticas gélidas.

Nos integramos en la página o sitio en internet https://www.benllera.com que administran nuestros parientes ya que todo aquí y ahora somos amistad y familia.....

Comprendemos que somos una conexión de esencias, llamadas comúnmente almas, todos los humanitos pero de manera muy particular cinco esencias muy especiales fusionamos en una sola luz para iluminar y brillar.

Humanitos somos pequeños seres comparados con el universo.....

Todas las esencias somos muy importantes, incluyentes, abiertas y compartidas.

Estamos rodeados de campo en casas de piedra y a solamente treinta minutos de movilidad motorizada a la ciudad de León, capital de la provincia ya mencionada y antiguamente el reino medieval de León, fundado el año 910 cuando los príncipes cristianos del reino de Asturias se trasladan en su.....capital desde Oviedo a la ciudad de León.

Particularmente viajamos en la experiencia de la fusión de estas cinco esencias conectadas en tiempo presente infinito y siempre incluyentes con todas las esencias que deseen conectar, viajar y experimentar con nosotros, respetando todas las religiones, creencias, interpretaciones, opiniones y punto de vista de cada ser que se atreva a leer, sentir vibrar y conectar en nuestra energía positiva con el fundamento de Diós.....

Comprender radica en entender que todos los seres somos UNO y conectamos repitiendo en esencia en tiempo presente infinito inclusivo.

Los humanitos le llamamos a esta conectividad DIOS, universo, naturaleza, luz y mucho más..... Nosotros opinamos que se puede describir como Esencia.

Atrevernos a viajar a través del tiempo, la famosa máquina del tiempo, está en nuestra esencia interior y solo es tangible o comprensible al lograr telepatía de la quinta dimensión siempre repitiendo las veces que sea necesario, conectar en esencia para después fusionar en lo que podemos llamar célula esencial.

Exhortamos por medio de esta lectura descubrir nuestras esencias y nacer en cada despertar el resto de nuestras vidas terrenales.

Consultar y repetir las veces que sean necesarias este particular libro que nos lleva a lo más profundo de ser y abrir nuestras esencias, almas y corazones cada vez que se cierran o en cada despertar.....Amanecer.

Estamos descubriendo6 así responder todas las preguntas que nos hacemos, para, por..... de, a, con Quien!!!

.....Existimos y vivimos esta experiencia en cuerpo físico que envejece y fallece en la tierra.

Comencemos por contestar para cada uno en nuestro interior=Esencia realmente que queremos (Primera pregunta).....deseamos, proponemos y sentimos HACER el resto de nuestras vidas?

Es de extrema importancia comenzar a conectarnos con nuestra esencia en nuestra alma y nuestro corazón interno para poder limpiar desintegrando, destruyendo absolutamente todo nuestro pasado, paradigmas, dogmas, creencias, pensamientos en modo de miedo o maldad tóxica.....

Lograr exclusivamente como habito recordar la energía positiva en bondad, gratitud y amor el todo el pretérito que se manifiesta en nuestros pensamientos.....

Ahora entonces fusionar cinco esencias significa estar conectados en el presente y en equipo funcionando colectivamente.

Solamente entonces particularmente las cinco

..... Esencias especiales despiertan con nuestro abuelo, nuestro padre, nuestra madre, nosotros y nuestros hijos representados por el menor en los siguientes cinco episodios de esta maravillosa aventura.

Al final de la lectura completa de esta publicación podremos crear nuestra propia fusión individual que nos lata siempre integrando o sumando una por una.

Es muy importante sentir que nuestro abuelo solamente tiene cuerpo físico los primeros setenta años en la forma que medimos el tiempo los humanitos o pequeños átomos del universo, energía positiva, luz o DIOS.

La frase más maravillosa que aplicamos es simplemente "Sentir es estar seguro".

Todos los sucesos o situaciones que se nos van presentando están conectados y en nuestro caso particular en fusión con respuestas claras del para que y por qué transcurren.

Comprendiendo, sintiendo, empatizando y empatizando en la quinta dimensión fusionar logramos en forma telepática querer y desear lo básico que es salud preventiva natural y conservación de la vida humana logrando con acciones prevalecer y existir.....

"No hay solución por que no hay problema"

Explicando de manera negativa con maldad toxica esta frase la mayoría de nosotros los humanitos la percibimos desde la existencia permanente de problemas en nuestra mente nada más.....o sea todo problema tiene solución: entonces como los problemas no existen solo los pensamos, entonces así creamos la maldad toxica y ejecutamos con nuestro razonamiento.....son los problemas pensamientos que no hay que convertir en realidad.

Todo lo malo nos convence desde el miedo y la maldad toxica a través de la mente y logra que nos enojemos, entristezcamos, y actuemos en ..... consecuencia para dañarnos y dañar a los demás en diversas formas como agredir, maltratar, traicionar y mucho más.

ESPAÑA es el origen esencial.....

De Nuestro.....Nosotros.

España es el origen esencial de esta fusión de cinco elementos.

Simplemente despertamos al comprender que nadie es culpable de ninguna situación o suceso.....

Todos somos humanitos y no perfección.

Al conectar y fusionar no necesitamos más el dinero y lo que compra.

Tampoco estar pensando en maldad toxica en especifico de los demás seres; odio, envidia, avaricia, negatividad, egocentrismo, venganza, perversidad y traición.

No necesitamos más quejarnos, agredir, criticar,

culpar, juzgar, ni condenar absolutamente a ningún ser, pero sobre tod@ a nosotr@s mismos.

Ya no necesitamos hablar más mal de ninguna persona, ni crear expectativas mentales, absolutamente todo lo que tenemos en nuestra esencia, su conectividad y fusión de esencias..... completando y complementando nuestro ser.

Vivir y permitir vivir, permitir ser nos lleva a lo mas profundo de nuestra esencia que para nosotros es vivir, amar, disfrutar y crear felicidad, demostrando con una sola acción, sonriendo y riendo nuestros momentos felices, mezclando lagrimas después de las risas, creando un maridaje de emociones en estado de felicidad casi perfectas.

En esta particular lectura y experiencia desarrollamos nuestra educación, imaginación, creatividad y pasión..... AMOR puro.

Definamos también cual es nuestra pasión (segunda..... pregunta) para ejecutarla en cada acción el resto de nuestras vidas??

Concretamente despertamos aquí específicamente 13 cinco esencias para fundamentar y demostrar nuestra fusión y su conectividad con el resto de esencias de todos los seres.....

Recordando positivamente que solamente una 19 de las cinco esencias fusionadas no tiene cuerpo físico naciendo en 1880 de este mundo y desprendiéndose 19 de este cuerpo físico en 1950 es exactamente la mitad setenta de los ciento cuarenta años de la narrativa de esta fusión colosal.

Es importante saber que con nuestro abuelo nunca conectamos en cuerpo físico terrenal más que con nuestro padre en su momento y justo en un periodo de treinta y tres años de vida juntos en cuerpo y alma.

Nacemos gracias a las decisiones y acciones de nuestro abuelo cuando tiene cuerpo físico.

Empezando a escribir estas letras en honor y homenaje a nuestro padre, un siglo de vida en cuerpo físico en 2017, terminando en 2020 de editar y publicar justo a sus 103 años de vida terrenal.....experiencia única en fusión.

También en honor y homenaje a nuestra madre que nos regaló la continuación de nuestras vidas en decisiones y acciones cuidando y aguantando a nuestro padre por más de 59 años continuos.

Siempre juntos desde el veintitrés de mayo de 1961.

Aquí seguimos nosotros sonriendo y riendo el triple, ocupándonos y amando en nuestro abuelo, nuestro padre, nuestra madre, nosotros mismos y nuestros hijos hoy amando especialmente a nuestra esposa solamente por amor puro y agradeciendo los treinta 1 y dos años juntos en cuerpo físico.....trabajando y viviendo apasionadamente felices y llenos plenamente.

El quinto elemento son nuestros hijos en un triunvirato indestructible enfocados y concentrados en la fusión de nuestro hijo más joven.

Cada uno de los lectores está formando su propia fusión de esencias en conectividad con absolutamente tod@s para nosotros energía positiva en su correcta interpretación.

Para nosotros como primer ejemplo uno más uno es igual a cinco ya que somos Pater, Mater y 2 hijos muy buenos y una hija hermosa, formidable en triunvirato particular y en quinta esencia o dimensión fusionados.

Es muy importante también amar, ilusionarnos, soñar, imaginar y crear para lograr que nuestras ideas consideradas locuras, al lograrlas, cumplirlas, hacerlas y ejecutarlas se convierten en genialidades, creaciones sencillamente ARTE precisamente como este libro sin precedentes.

Lo más importante para enfocarnos en nosotros mismos con tiempo y amor infinitos.....siendo impecables, leales e incondicionales fusionamos y funcionamos en esencia pura, natural y justamente en lo que queremos y nos apasiona desde aquí, ahora en adelante y para siempre.

Bien entonces antes de 1880 es el pasado que no podemos hacer ni cambiar nada, pero si recordando solamente energía positiva del mismo pretérito y lo que recibimos al respecto.

La famosa historia con muchísimas versiones de escritores genios y sus complementos contemporáneas/os donde no tratamos de ver paracreer sino simplemente apreciar lo bueno grato, feliz y lo amarroso de este singular aprendizaje.

El pasado queda perdonado y debemos lograr

perdonar, olvidar y enterar..... nos todo lo negativo, todo lo que es miedo, maldad toxica.....solo recordar lo positivo que nos hace sentir bien, sonreír, reír o amar, agradecer, bienestar, felicidad y reconocimiento claro energía positiva pura.....

Para esto estas letras lo estamos explicando a partir de 1880 con la fusión de cinco esencias especiales y conectadas todas las esencias colectivamente de todos los seres de manera exclusiva y solamente con energía positiva pura.

El objetivo de estas palabras plasmadas en este libro y particularmente en este capítulo esencial son precisamente para conectar en esencia en cada lector en su tiempo, forma y conclusión igualmente respetable y correcta como la nuestra.

Tardamos tres años terrenales que no son ni siquiera segundos si medimos en años luz iniciando la idea del proyecto con el homenaje de un siglo de vida mundana de nuestro padre en la ciudad de México zona metropolitana y concluyéndolo en Florencia y Roma, Italia Europa 2020 que suman 4=2+0+2+0 iniciamos en 2017 la idea que suma

1=2+0+1+7=1+0=1=DIOS.....

1880 (1+8+8+0=1+7=8=INFINITO)

Iniciamos comprendiendo la virtud de capacidad de hablar muchísimo, comunicarnos sin dejar segundos de silencio, en ninguna convivencia mundana, siendo al principio silenciosos y muy tímidos y después en extremo extrovertidos a través de la palabra platicada pero ya HOY por fin escrita.

Hablamos en exceso siendo premiados por cinco años consecutivos por ello y criticados destructivamente al respecto hasta finales del 2019 por todos los demás humanitos de manera brutal.

Hasta que volvemos a conectar en esencia con una amiga inverosímil, nueva en nuestra vida que critica positivamente este Don, por fin de una forma constructiva, indicando que el hablar en exceso sobre todo, al convivir en intensidad o comunicarnos es una gran virtud o cualidad como el vaso medio lleno ahora en nuestra prespectiva.

Comprendemos que al hablar tanto las palabras se las lleva el aire, el viento y por fin cambiamos la estrategia, escribiendo y plasmando, las palabras en escritos, libros y canciones; así compartiendo y reflejando toda nuestra felicidad y plenitud encontrando muchas sonrisas y risas en nuestros lectores en su apreciada, respetada y valorada interpretación personal e individual de las mismas.....

Así comenzamos esta formidable aventura que llamamos vida en este primer libro a los 58=5+8=13..... años de edad.

En este nuestro primer libro de cinco en total y así disfrutar hablando sin descanso en palabras escritas a millones de personas ahora en comunicación por internet y sus aplicaciones.....

Comprendemos que cada día tiene veinticuatro horas, 1440 minutos de tiempo disponible, cada semana tiene siete días y hasta concluir que cada vida más de 100, C.....años por lo que tenemos todos el tiempo del mundo para lo que realmente queremos hacer el resto de nuestras vidas, es nuestra pasión.

Nunca es tarde para nacer, renacer, vivir, despertar, crear, hacer y sentir.

La locura se transforma en genialidad cuando logramos que nuestro amor se transforma en vida con felicidad para reflejar y compartir de manera particular a la familia y amistades verdaderas que también son familia; así como el resto de los seres que son esencia colectiva o universo completo.

Al lograr comprender, conectar y fusionar nuestra esencia sabemos perfectamente que queremos y cuál es nuestra pasión completa para ejecutar el resto de nuestras vidas terrenales y nuestra existencia infinita en esencia pura.

Ya definiendo y ejecutando las primeras dos preguntas para reiniciar nuestro resto de vida, podemos lograr asertivamente, saber cómo hacerlo (tercera.....pregunta) en un plan de acción para ejecutar individualmente como engrane colectivo en mejora continua.....???

Palabras en verbos infinitos como descubrir, inventar, revolucionar, innovar, renovar, renacer, re-set (ingles), recomenzar, actualizar, evolucionar, idear, comenzar, rehacer, avanzar, integrar, implementar, completar, mejorar, transformar,

desarrollar y crear….surgen para hacer nuestro plan de acción o agenda viva.....ejecutar con fundamento en nuestro proyecto de resto de vida y realizarlo
desde nuestra esencia encontrando que es lo que realmente queremos y cuál es nuestra pasión como motivación y motor.

Al plasmar esta sencilla y humilde, simple
opinión o punto de vista de nuestra fusión especial de cinco esencias queremos servir a la humanidad en lo individual y colectivo recorriendo un camino totalmente inesperado con una lectura divertida, entretenida y reflexiva a su vez.
Hacer realmente como el famoso refrán, nos caiga
bien el veinte o logremos que nos caiga el veinte.....

Antiguamente en México tenían un costo por llamada de 3 minutos con una moneda de veinte centavos en sus principios hasta de cobre y al desplomarse en el recipiente de la cabina telefónica al introducirlo por la ranura se puede iniciar
comunicación con el numero marcado.

Para ejemplificar de una manera clara y
representativa es:

Ahora nos está cayendo el veinte de que lo importante es nuestra felicidad.

Es decir, ahora nos hemos dado cuenta o comprendemos que simplemente lo más importante es nuestra felicidad y así poder compartirla y reflejarla siempre.

El significado es claro despertar, abrir los ojos, comprender o darnos cuenta por entender bien.

Siempre nacemos y despertamos a partir de una idea, idear es una ocurrencia que proviene de nuestra Esencia.

Al estar en fusión o conectividad sencillamente sentimos la clave de nuestro éxito al lograr ejecutar acciones que generan sucesos y hechos en energía positiva, siempre Dios conectando en nuestra esencia pura y limpia.

La fe la esperanza, la caridad y la compasión nos late publicando nuestras palabras y así que no se las lleve el viento, ni que entren por un oído y salgan por el otro.....para que le sirvan por escrito a quien las quiera leer y aprovechar sentir.....aplicando e implementando en el resto de nuestras vidas, logrando una y otra vez ser, estar y hacer en nuestra esencia amor en fusión dentro de la conectividad permanente.....logrando fluir naturalmente con.....éxitos o resultados continuos.....generando abundancia espiritual en amor y bondad, emocional en sonrisas, risas y hasta llorar de alegría, creación plasmado en arte para salud mental y ejercicio con nutrición de manera física.....en plenitud, satisfactoriamente de forma individual, familiar y colectiva en masa poblacional.

Este libro tiene sencillamente el objetivo de crear bienestar y felicidad en todos los que quieran lograr vivir, nuestra pasión completa.

La fusión de nuestras cinco esencias fue creándose naturalmente, integrándose el quinto elemento en estos días y es el alma individual a la quele dedicamos y entregamos para su lectura en primera instancia que son nuestros hijos para que se sientan orgullosos y lo apliquen en nuestro plan de negocio.

Vale mucho la pena reconocer la quinta dimensión la conectividad de esencias colectiva, cayendo el veinte, en este naufragio colectivo.....pandemia.....para lograr crear nuestra fusión única de cinco esencias en familia y amistad cada uno de nosotros.

Al conseguirlo nosotros cinco, podemos hacerlo tod@s y también es muy respetable solamente permanecer conectados en esencia colectiva únicamente.....justamente la esencia es el alma de la vida, lo esencial, la raíz de cada humanito;
que somos.

Sigue otra pregunta para responder a nosotros mismos y crecer individualmente, logrando después la.....fusión y conectividad esencial de la existencia universal colectiva con o sin naufragios.....

Es donde y cuando (cuarta pregunta) ????
comenzar, nacer, crear, hacer lo que queremos, lo que se nos pegue la gana, nuestra pasión y plan, nuestra idea, nuestro proyecto.....
Nuestra vida se simplifica cada día al dormir, pernoctar y volver a nacer, despertar en cada amanecer para un nuevo día y un nuevo comienzo.....siempre diferente y siempre positivo,

claro que sí!!!

Queremos y podemos hacer nuestra pasión en cada despertar y ya no solamente sobrevivir en rutinas, zonas de confort y paradigmas sociales materialistas del que dirán......los demás de nosotros.....estar fundamentados solamente en dinero y lo que compra es el verdadero causante de la destrucción humana.....

Poder, dinero compra cosas y mas grave compra personas o justificar nuestro dinero en lo que los clientes, deudores, personas nos tienen que dar por obligación, responsabilidad.....aunque no tengamos recursos materiales en nuestro presente.

Nada cuesta ser feliz, sonreír, reír, caminar, leer, aprender, sembrar.....

Vivir realmente solo cuesta dinero, lo que alguien le conviene que gastemos o paguemos para su beneficio económico, claro si, las verdades completas duelen cuando sabemos que podemos brillar, alumbrar y generar riqueza para nosotros mismos en esencia sin ese gran trabajo remunerado, contratos, herencias, loterías, ventas o cualquier otra fuente de ingresos por suerte o precio que tenemos a nuestro tiempo, cuerpo o disponibilidad como humanitos o personas que somos, nacemos y fallecemos sin nada material, desnudos.

Aprendamos a compartir y reflejar felicidad, amor y vida sin importar cuánto dinero o poder logramos tener que siempre es temporal y no resuelve lo básico ni lo prioritario de la conservación de nuestras vidas y la raza humana.

Cada mañana es un nuevo amanecer o comienzo, empezar de (Cero maya), un nuevo despertar.....o día en circunstancias como las pandemias con confinamiento, naufragios colectivos donde demostramos nuestra educación que es nuestra capacidad de afrontar cada situación que se nos presenta.

Avanzar es seguir adelante, luchar, pelear y NUNCA RENDIRNOS, perseverar lo mas repetitivamente posible para conseguir conectar en esencias y nuestra enigmática fusión de cinco esencias que cada uno de nosotros escogemos para cada momento o más bien etapa de nuestra existencia o vida material mundana.

La mejor pelea, discusión o confrontación es la que se evita, la que nunca se realiza.

Siempre partir de que ninguno somos culpables, sino que somos simplemente humanos y que una agresión de odio, envidia o avaricia se contrarresta y responde con acciones de amor, bondad y gratitud.

De eso se trata es un gran título de una extraordinaria canción y formidable lírica y de una vida que nos recomienda una amiga.

Por supuesto siempre podemos cambiar y mejorar, lograr comprender.....que al despertar y fusionar conectamos en lo esencial con más fuerza de nuestro DIOS del universo en energía positiva pura, amor y bien.....

Hacerlo cada mañana, cada día o cada experiencia.....viajes del resto de nuestras vidas.

El domino tiene tres reglas básicas repetir, respetar y restringir.....lo que más nos apasiona es repetir hasta lograrlo el objetivo, la meta, el éxito!!!

La fe es en el futuro, la fuerza en el presente y la felicidad es soñar o visualizar para que al convertir 16 en realidad se vuelve éxito!!!

Ahora, hoy es el momento perfecto para hacer, crear e insistimos despertar, pero, sobre todo evolucionar hacia nuestro lugar en la quinta dimensión, con fusión de 5 esencias sin necesidad de tercera dimensión ni los pensamientos de la cuarta dimensión, lo que sirve es lo que sentimos, las emociones, pero en la quinta dimensión tampoco se necesitan.

Entonces poco a poco bajamos a la cuarta dimensión en nivel de conectividad ya con pensamientos y emociones negativ@s y abundancia o recursos materiales mundanos sin que nos afecten en lo absoluto.

La conexión o más específico fusión en esencias es la mejor ventana de iniciar o terminar relaciones directas sin romperse nunca por no tener conexión material o comunicación alguna.

La raíz de donde comenzamos el primero de

cinco viajes a la velocidad de la luz tiene comienzo en el maravilloso viejo continente y es una aventura de 140 años en tiempo presente.....siempre DIOS nos bendice, conectamos nuestras esencias para fusionarlas y crear la más poderosa energía positiva que hayamos imaginado para vivir 50 años más de resto de vida terrenal en salud preventiva natural y con longevidad sana.

Solamente concluimos una etapa para ocuparnos y trabajar mucho en nuestra pasión.... Lo que realmente queremos hacer y disfrutamos haciendo.

La siguiente pregunta que hacemos y que vamos a responder es la última interacción para la reflexión de los lectores y sus puntos de vista siempre correctos.

Es simple y concreta.....

A quien, con quien y de quien amamos? (quinta pregunta) empezando por nosotros mismo?????
El amor es lo más esencial de nosotros los humanitos, lo más importante que nos podemos dar o regalarnos y lo más valioso en conjunto con

nuestro tiempo.

De manera complementaria nuestro máximo esfuerzo y nuestros recursos materiales.

Ahora comenzamos la travesía en esta formidable y maravillosa.....inconmensurable aventura, viaje o más correcta experiencia compartida.

Nuestra esencia no tiene tiempo y creemos creencias que está sucediendo en evolución de chimpancés, con Adam y Eva desde una célula que se multiplica hasta ser lo que vemos un ovulo fecundado=VIDA.

Esta historia no es verdad completa y son diferentes puntos de vista u opiniones de nuestro origen humanito con dinosaurios, descubrimientos y sociedades para vivir, cazar o conquistar.....

Nuestra esencia es lo que cada humanito conectamos como lo narra Albert Einstein.....la energía positiva inexplicable es simplemente amor.

La esencia es el comienzo.....el final, tiempos infinitos.....

La vida comienza y se concibe al fecundar o

sembrar semillas de amor.....nacemos bebes, niños, adolescentes, adultos y si adultos mayores para volver a ser niños y al fallecer otra vez energía positiva, esencia.....

Tod@s volvemos a nacer y despertar, nosotr@s somos esencias, almas, universo, naturaleza, energía positiva, DIOS o lo que haga sentido, caiga el o cada uno individualmente.

Conectar, comprender, percibir y llegar a lograr fusionar esencias es lo que hemos descubierto y evolucionado donde todos somos una parte o engrane de nuestra hermosa tierra, en el universo infinito, en la salud preventiva natural o la enfermedad, en lo prospero o lo adverso.....en la eternidad.....Que es lo que queremos somos o hacemos antes de 1880 0 después del 2020!!!

Somos esencia en un proceso evolutivo en circulo y logrando comprender, adaptarnos y disfrutar cada instante del pasado y del futuro solo enfocados en nuestra fusión personal y vivir este

presente infinito nosotros, juntos, unidos logramos realmente conectar y fusionar, sentir y amar, hacer el bien, la bondad.....simplemente para ser felices,
alegres, sonrientes, risueños y riendo en mejora continua.....permanente.

Nosotros aceptamos que nuestra realidad es lo que intuimos, nos nace, late y despierta
permitiéndonos entonces vivir intensamente e inconmensurablemente nuestra experiencia de vida.....

Conceptualizamos antes y después de
pandemias, guerras, naufragios colectivos, hambre, desastres naturales y accidentes predestinados descubrir que siempre estamos conectados y a veces fusionados.

Comprendiendo que nunca morimos y siempre nacemos, latimos, intuimos y
despertamos.....terminando de comprender un
tiempo circular virtuoso infinito, sin principio y sin fin, pero sobre todo ocupados.....en nuestras pasiones y haciendo siempre ya lo que nos gusta, nos divierte y

nos hace sentir bien.....para reflejar todo el tiempo nuestra felicidad en los demás seres.....

Al erradicar el miedo y la maldad tóxica.....de nuestras acciones y nuestra actitud.....no tenemos tiempo para el qué dirán o buscar a los demás para encontrarle tres pies al gato o algo que no nos gusta, nos incomoda en nuestros pensamientos.....o conjeturas personales que realmente nos provocan suponer y tomar todo personal.....

Donde comienza y termina cada situación de nuestra existencia!!!

.....Es un circulo virtuoso repetitivo en forma de reloj continuo, de nuestra tierra.....

Lo prioritario es encontrarnos a nosotros mismos al reconocer, despertar o evolucionar en nuestra esencia que precisamente es la felicidad es amor combinado con bien, con salud preventiva natural.....Enamorándonos de nosotros mismos y de las bellas mujeres en mi caso de nuestro presente en mejora continua.....La educación se resume en afrontar y hacer, exclusivamente, nada más.....no en saber sin afrontar ni hacer.....saber no funciona entonces sin afrontar y hacer.....

El amor fusiona, conecta, une, hace, disfruta y crea por sí mismo.....al enamorarnos dejamos de ver maldad toxica y miedo en nuestros pensamientos razonados, estereotipados, programados.....por precisamente información externa negativa que son historia, noticias e información inyectada en nuestra mente a veces de manera subliminal.

No hay mayor fuerza que el amor puro que es el bien, la energía positiva, DIOS..... concuerda inclusive en sus escritos Albert Einstein como cada humanito lo interpretamos luz, universo y en circulo virtuoso el amor puro.....

Aquí es donde logramos intuir que hay antes de 1880 y después del 2020 en un circulo continuo vueltas al mundo y doce horas en un reloj multiplicado por dos.....

.....Fe, poder, jerarquías y liderazgo..... cuál es el fundamento en verdad completa!!!!

Lealtad, humildad, BONDAD/maldad.....

Comenzamos a dejar de hablar taaaantoo

menos del cincuenta % al escribir, sonreír, reír.....DISFRUTAR el triple 300%.....

El presente, en esta ocasión, es nuestra fusión de esencias en un periodo terrenal de 1880 a 2020 con 7 historias biográficas y 5 esencias fusionadas, unidas interconectadas, intrínsecas claramente.....

Todo en la vida se conecta, todo se fusiona..... mayas, egipcios, incas, persas, tibetanos, sanscritos, araemos, griegos, romanos, anglo- -germanos y muchas civilizaciones más a través de cuatro acuerdos toltecas:

-Palabra impecable, lograr lo que hablamos y escribimos.....

-No suponer, si tenemos dudas preguntamos.

-No tomar nada personal, cada uno tenemos nuestro punto de vista y nuestra interpretación, todo punto de vista es válido y correcto.

.....Afrontar cada situación que se nos presenta en la vida con nuestro máximo esfuerzo, lo mejor que podemos.

Conectar esencias es pasado con futuro en una fase previa a la máquina del tiempo.....del presente colectivo.....donde todos nosotros somos uno mismo.

Dimensionar a grandes genios, literatos y escritores es un honor para las palabras que nacen en nuestra esencia pura, conjuntada y apasionada.....

TODO LO QUE NOS LATE, VALE.

El que persevera alcanza y no hay nada como trabajar, luchar y dar seguimiento con un solo resultado como objetivo atrayéndolo; no forzando su encuentro.....

Seguir nuestra creatividad nos conlleva a comprender, conectar, sentir y amar.....arte pura en quinta dimensión tocando las comunicaciones, idiomas, educación y simples matemáticas aplicables razonadas simple el cálculo mental.....

De eso se trata la vida existir y fluir sin dejar de equivocarnos y sin culparnos creando felicidad para reflejar y compartir con gratitud y bondad.....para disfrutar cada segundo de nuestras vidas y si por supuesto sembrando, siendo, estando, dando y haciendo amor todas las veces y en cada ocasión que podamos volver a despertar apasionados..... La numerología en nuestras vidas cuadra siempre .....La soledad es el gran estado para crear, escribir, reflexionar y vivir en mejora continua complementados con nosotros mismos.

Eso logra fusionar en nuestra esencia eligiendo con quien tener comunicación mas pura, telepatía, aunque también tiene que abrirse a escuchar su intuición para comprender y recibir-dar comunicación.....

Así precisamente fusionamos nuestro abuelo con nosotros, aunque nunca coincidimos en vida mundana.....

Mejor directamente en esencias y almas.

Todo el tiempo nos guía para ser una persona buena, agradecida, pero sobre todo cariñosa con tanto amor que dar en luz.

Cuando todos empezamos a encontrar la quinta dimensión, la telepatía.....conectar y fusionar en esencia ya no permitiremos la maldad toxica, el miedo y el qué dirán adueñándose de nuestros pensamientos y no hablaremos más de los demás seres, sino que nos comunicaremos desde nuestro interior con todos en energía positiva con luz y deseando el bienestar común.....

La sin-cronicidad nos lleva al principio de los tiempos y al destino final que es infinito, eterno en esencia viva, energía positiva.....con un breve camino por este cuerpo físico terrenal que logramos disfrutar con la conectividad de esencias, almas y energía positiva en un circulo virtuoso natural.

Ahora debemos empatizar, empatía para COMUNICARNOS en telepatía.....hasta convertirlo en nuestro habito siempre siendo y haciendo.....

Amor, gratitud y bondad, creando felicidad para compartir y reflejar con todos.....repetir hasta volver rutina, circulo virtuoso.....

Todos los caminos llevan a Roma donde estamos escribiendo y editando para publicar estas palabras impecables que nacen en nuestra esencia a través de nuestro corazón para razonar en nuestro cerebro y ordenar a.....nuestras manos que escriban hasta lograr que el mundo sienta nuestra música telepática.

La conectividad de esencias es una conexión de almas en espíritu con energía positiva pura o DIOS en una sin-cronicidad y armonía que vivimos en mejora continúa bajando a sensibilizar nuestras emociones y así solamente recibir más emitir pensamientos pensamientos positivos logrando que la parte de los recursos materiales sea.....

.....nuestra muy particular salud preventiva natural.

Los comienzos de los tiempos solo se asimilan cuando conectamos nuestras esencias y COMPRENDEMOS que siempre el tiempo de nuestras acciones es el presente.

.....Siempre somos todo una esencia, un universo.....

Nacemos, despertamos, latimos y amamos desde nuestra esencia y al estar en verdad completa pura LLENOS.....No necesitamos más que fluir y viajar a la velocidad de la luz, vibrar en la quinta dimensión en su más alta frecuencia.

La abundancia espiritual es la clave del bienestar colectivo que siempre tenemos.....

Muchas veces anhelamos al no conectar, comprender o despertar en periodos de tiempo t terrenal y pues nada es casualidad, todo tiene un porque y un destino.....

Al lograr la conectividad de esencias en mejora continua nos lleva a enamorarnos de almas que sentimos en todo el camino de la vida mundana con cuerpo natural, físico.

Todo empieza y termina en un infinito de millones de años antes de Jesucristo y millones de años después donde solamente percibimos como humanos de este ciclo, normalmente vivimos menos de C años terrestres.

Al encontrar en nuestro camino esencias que viven más de C años mundanos tenemos que aprovechar su fórmula de longevidad sana para implementarla a las nuestr@s y seguir fortaleciendo nuestro existir.

La vida como humanitos, como la conocemos es concedida por DIOS, energía positiva, luz, naturaleza o cualquier o cualquier punto de vista que logremos confiar, conocer cada uno en lo Individual.....

Después tenemos que agradecer a todo nuestro

árbol genealógico, por haber gestado y fecundado, óvulos con espermatozoides hasta llegar a nuestro nacer o primer despertar donde nuestro primer signo de vida que damos es llorar que indica que respiramos y perdimos la comodidad y protección del vientre materno.....

Ahora ya existen fecundaciones, gestaciones in vitro y muchas más que nacemos menos humanos, menos sensibles, más fríos, al hacer falta este lazo tan importante.....

El gran amor del ser humano nos despierta para adoptar, como hijos, humanos que no tienen madre.....viva o disponible.

Humanitos que no son consanguíneos donde es maravilloso apreciar estos grandes seres humanos naturalmente familiares y únicos, adopta un hij@ para comprender.

La numerología es realmente la conectividad de esta gran señal de esencias fusionadas.....que nos lleva a cinco almas en una en un periodo muy, muy particular de 1880 a 2020.

Donde cada lector encontrara su interpretación

y aventura aquí y ahora.....

la rama genealógica materna de nosotros nos lleva a 4 años particulares..... de nacimiento 1900, 1906 y de.....fallecimiento 1947, 2001 de nuestros abuelos.....conectados en esencia.....Don Antonio Manzano y Doña Micaela Medina de Manzano que nacen a principios del siglo XX.....

Es un matrimonio muy sui generis de primos segundos.....con un amor y una atracción física inconmensurable, única, perfecta.

Son nuestra conectividad de nuestra tercera esencia fusionada en nacimiento posterior.....

Recalcamos que no estamos escribiendo por sabiduría o conocimientos preestablecidos con anterioridad.....

Por ningún otro autor donde simplemente conectamos en esencias logrando fusionar las cinco en un camino O viaje sin expectativas pero con las millones infinitas conectadas que llamamos espíritu, Dios, universo, luz o naturaleza VIVA.....

Esta es la única manera de que hablamos menos escribiendo más.....y podemos exponer lo que definimos como vibras o conexiones en nuestro simple sentir.....y entonces mejorar nuestra pasión, transmitiendo solamente energía positiva pura..... amor gratitud y bondad.....

Estamos convencidos que atraemos lo que somos y nuestros destinos lo creamos individual y colectivamente.

No se trata en polémica ya que la mejor pelea, fricción o controversia es siempre evitarla.....

La verdad completa es el otro concepto muy importante junto con la energía positiva que nos conlleva logrando comprender por completo nuestra conectividad de esencias.....

Pudiendo encapsular de cinco especificas diametralmente conectadas.....simplemente escribirlas y que cada lector tome lo bueno respectando cada punto de vista siempre.

Para nosotros es una dinámica de mejora continúa partiendo de la base que tod@s somos buenas personas en esencia y como humanos caemos en maldad tóxica.....los miedos que nos evidencian rompiendo las leyes humanas y humanitarias.....filosóficas y lógicas.....sobre todo las jurídicas que son imperfectas y tremendamente interpretativas con punto de vista en 360 grados de cada asunto o situación.....como discutir sobre religión, deportes política.....lo que plasmamos los hombres es imperfecto.

Provoca enterarnos que cada uno en lo individual tenemos la razón, si hacemos todo lo que podemos, pero nos dejamos manipular por paradigmas, dogmas y leyes.....creando nuestra zona de confort aburrida.

Que viva nuestra esencia viva, nuestro México, nuestro planeta y que comprendamos nuestra felicidad, disfrutándola y haciendo el AMOR todas las veces que podamos.....

Hemos encontrado la luz con fuerza pura en la energía positiva de nuestra fusión, intuimos deber compartir con todos los SERES.....

11. Nuestro Abuelo

Nuestro viaje comienza en 1880 en un pequeño pueblo de la provincia de León, el reino de León en España, hoy también comunidad económica europea.

Nacemos como un barón de Santiago Gutiérrez Gutiérrez (Santiagon) de improviso con una sola esencia conectada y fusionada que es la fundadora de las 5 en esta colosal aventura.

Somos humanitos muy sanos, naturales y desde pequeños como todo el pueblo personas de campo.

Desde muy pequeños, así como existe en nosotros la necesidad de aprender latín y una vocación sacerdotal de la Iglesia Apostólica Romana.

Estamos en el campo y Dios nos está bendiciendo cada día y cada despertar creciendo poco a poco en un ambiente, un pueblo y una familia completos.

Como en todas las sociedades están las hermanas ricas del pueblo muy notables y buenas personas en una población completa que todos somos parientes consanguíneos o matrimonios y donde las opciones de vida son el campo o la vocación sacerdotal siempre en familia unida y conectada.

Nuestro origen es un pueblo muy particular que durante el verano somos 100 habitantes y en el invierno nos reducimos a 40, básicamente con casas de piedra y pastizales para ganado siempre con la alegría de las bellísimas flores naturales silvestre en Julio y Agosto.

Tenemos 4 hermanos en este momento y padres realmente ejemplares, nacemos de la primera esposa que fallece de una rara enfermedad muy joven de Don Santiagon.

Día a día encontramos en la rutina y la vida básica nuestro balance descubriendo que quedarse en el pueblo es trabajar en el campo y salir del pueblo es cultura y trabajar en la Iglesia …..existen excepciones como la conserjería en el hábitat de la ciudad de león y Conducir vehículos de transporte movilidad.

Comienza nuestra vida naciendo, comiendo, bebiendo, respirando, durmiendo expulsando de nuestro cuerpo físico lo que no necesita y dependemos muchísimo del cuidado de nuestros padre en estos primero días, semanas, meses y años de existencia para hidratarnos, nutrirnos y asearnos.

Llamamos la atención del dolor, el sueño y el hambre desde que es cortado nuestro cordón umbilical y lloramos que es justo cuando aprendemos a respirar.

Hacemos lo que nuestro cuerpo físico humanito nos requiere que es básicamente respirar expulsar de nuestros cuerpos lo que no es necesario y dormir hasta convertirlos en nuestros primeros hábitos básicos de vida humana natural, sencilla.

Aprendemos a mover cada parte de nuestro pequeño cuerpo físico poco a poco y somos muy felices desde nuestra gestación y crecimiento en el vientre maternal que es necesario para encontrar después durante nuestra vida identificarnos con sentimientos y emociones propias.

Sobre todo, descubrimos nuestro amor iniciando nuestra conectividad de esencias con salud preventiva natural y supervisados por nuestros padres y esencias sin cuerpo físico como las de los abuelos que no logramos conocer físicamente. Si claro que si se puede conectar con ellos.

Empezamos a vivir y crecer, cada una de nuestras células a madurar y envejecer con logros permanentes y mejoras cada día en descubrimiento como el de América.

Nuestros cuerpos son una célula fecundada y formada de 2fusiones de células básicas de un hombre y de una mujer de manera natural que viven y crecen en el vientre materno durante aproximadamente los primero 270 días para encontrar finalmente en la atmosfera el aire necesario respirando rápidamente como primera señal de vida y comenzando el proceso natural de oxidación más identificado como envejecimiento.

Aquí en el pueblo de Benllera inicia en el año 1880 cada detalle de nuestra formidable esencia con una inconmensurable conectividad y una maravillosa fusión justo de 5 esencias, 5 existencias, 5 vidas.

Hemos logrado ya individualmente primero llorar para respirar y después, dormir, expulsar del cuerpo lo no necesario, empezar el movimiento de nuestros músculos o ejercicio e inclusive imitar o hasta intuir alguna sonrisa .....natural; el amor de nuestros padres y las personas que aparecen en nuestro trayecto día a día.

Estamos solamente ocupados y en la base solamente para subsistir…..seguimos adelante y perseveramos a través del tiempo mundano como lo conocemos.

Entonces logramos un día de forma natural y espontanea nuestros grandes indicios de lo que hacemos, nuestros primeros pasos y para ello previamente a ponernos boca arriba o boca abajo, nos volteamos usando las extremidades más habitualmente confirmando que siempre podemos hacer y ser.

Sigue la motricidad logrando apoyarnos en rodillas y brazos finalmente logrando nuestra movilidad sobre estas partes de nuestro cuerpo físico, motricidad.

Abrimos nuestros 5 sentidos paulatinamente, la piel que es el órgano más amplio del cuerpo donde está la clave con el tacto de la piel principalmente en nuestras manos, los ojos con nuestra visión y vista, la lengua y sus papilas gustativas, el oído para escuchar y sentir nuestra música y el olfato oliendo lo que respiramos curiosamente lo primero que reflejamos en cada nacer terrestre.....

El día menos pensado nos ponemos de pie en 2 piernas y tratamos de guardar el equilibrio poco a poco preparando este gran acontecimiento nuestros primeros pasos, el primer caminar con la fuerza de gravedad sobre la corteza terrestre.

Así; caminando, lograremos completar lo que hacemos el resto de nuestra vida, ser, trabajar, dormir, asearnos y ejercitarnos sin realmente necesitar nada más.

Damos nuestro primer paso ovacionado y muy apreciado en nuestro pequeño pueblo con casa de piedra pastizales y animales de granja que nos acompañan poniéndonos un gran ejemplo…..saber vivir, siendo los ejecutores y fabulosos artistas…..artesanos de nuestro propio y particular vivir, evolucionar y mejorar continuamente.

Apreciando y disfrutando cada segundo en sincronía la vida que es bellísima e irrepetible al lograr comprender en nuestra esencia la conectividad y plena fusión.

Estos pasos con el tiempo son carreras, ejercicios y deportes de toda índole.

Inicia plenamente nuestra y nuestra autonomía ya respirando como habito, nutriendo nuestro cuerpo con aire, caminando y así explorando el campo, la comarca y el pueblo.

Descansamos y dormimos lo suficiente que es lo que nuestras células nos señalan para retardar el envejecimiento u oxidación son las 3 actividades que logramos hacer ya independientemente de nuestros padres o bisabuelos y de los demás seres.

Seguimos esta actividad durante un total de 18 años de vida humana en este lugar hermoso de energía positiva natural y única ubicada en el reino de León, provincia de León, España, Comunidad económica Europea o el viejo continente, técnicamente Euro-Asia.

Estamos localizados en la península ibérica, en el norte de la misma, sin mar, pero con ríos y grandes huertas en el Bierzo, los mejores pimientos del mundo.

Las actividades asistidas son higiene, nutrición en súper alimentos y moda que sirve básicamente en turnicidad, temperatura, aunque se utiliza más por pudor y presunción.

Nuestra ocupación consiste en despertar, beber, comer dormir y ejercitarnos dejando de manera asistida nuestra higiene, nutrición y moda.

Este es simplemente nuestra ocupación y trabajo en los primeros años de vida, claro naturalmente también desechando de nuestros cuerpos, mentes, corazones y almas o esencias lo que no sirve.....solamente asimilando lo esencial de nuestra salud preventiva natural.

No pensamos, ni nos preocupamos y si buscamos divertirnos, aprender y descubrir naturalmente creciendo y evolucionando hacia el infinito y claro más allá.

Aquí es donde comienza la gran diferencia de la humanidad en nuestra fusión de esencias que es la comunicación con nosotros mismos y los otros seres humanos, animales, plantas con esencias o almas del universo también…..la educación trascendental en completar nuestro aprendizaje en la vida, nuestra prioridad.

Comprender una mirada, un tono de voz, una señal, un gesto tan simple como la sonrisa, un abrazo, un beso, un agradecimiento sin necesidad de una sola palabra.

Entonces ya estamos preparados para emitir nuestra primera palabra…..siempre dirigida

Hacia nuestro padre o nuestra madre….un papa o una mama y por supuesto sin menospreciar sus grandes valores y calidez humana, nos encantaría que fuera un "TE AMO" simple para dentro y para afuera…..

Logrando comprender nuestra mayor fuerza el amor puro incondicional, leal y natural.

Estamos listos ya para emitir nuestra primera palabra posiblemente imitando y después nos surge que podemos pensar, razonar y claro hablar o cantar el resto de nuestro vivir.

Aquí no hay ni maldad toxica, ni prejuicios y tampoco miedo.....solamente buenas intenciones y mucha motivación con ganas de aprender, descubrir y vivir en mejora continua, sentir clarísimo y amar que es hacer el bien, el amor.

Disfrutamos cada detalle volviendo todo en hábitos como sonreír.....

Amar, reír y por supuesto caminar todas las veces de nuestra posibilidad, posibles.

Entonces ya con motricidad resuelta empezamos a razonar y hablar, decir nuestras primeras palabras habladas. Evitamos la palabrería, frase de Benjamín Franklin, ya que solo logramos emitir al principio una, sola, única palabra.

La palabra impecable de acuerdo a los toltecas y Miguel Ruiz en su muy respetable publicación de los 4 acuerdos nos conlleva a las primeras que nacen en nosotros, nos son inducidas, aunque realmente papa y mama para nosotros siempre nacen y laten sin cuestionarnos nunca este hiper-vínculo y conexión natural de esencias con almas.

Contemplar que podemos empezar a comunicarnos con este gran poder de la palabra hablada y sonora…..

Que aprendemos y nos late emitir, sentir e insistimos…..nosotros preferimos un “TE AMO” más que cualquier otra comunicación entre nosotros, desde nosotros y hacia nosotros…..con nosotros.

Aquí es donde empiezan las lenguas de comunicación, idiomas y nuestra creatividad realmente al caminar ya que se puede bailar y escuchar música desde el despertar y el nacer.

Nuestra niñez es simple, natural, campirana, pueblerina y familiar…..

Sana y súper-motivante. Al ser niños o niñas comprendemos y se unen en conectividad nuestros 3 abuelos restantes naciendo 1880, 1888, 1900 y 1906 para procrear vida y nacer entonces las 5 fusionadas hoy solo que seguimos naciendo en nuestro abuelo todavía….

Encontramos que aprender idiomas…..

Que resulta en la columna vertebral de la educación con creatividad con arte y matemáticas razonadas, calculadas…..aplicables.

Nuestro interés o pasión nos nace por el latín puro, editando y publicando en Roma, que es el precursor de idiomas del mar mediterráneo con una menor aportación del griego para dar como resultado el español, como lengua materna.

Ese latín nos atrae ahora hacia la bellísima Italia donde somos hoy y siempre, escribiendo libros completos de nuestra esencia pura y como precursores de un nuevo orden, respeto, disciplina y claro un gran “AMOR”.

Seguimos creciendo, madurando y evolucionando a nuestra autosuficiencia logrando nuestra higiene, ingestión de nutrición aire, agua con súper-alimentos y nuestros cambios de ropa, moda.....

Ya de manera autónoma con el inicio de nuestra pre adolescencia.....

Ya existe hoy en este particular ciclo nuestra abuela que está gestando con nuestro abuelo.....nuestra próxima esencia fusionada.

Da sin involucrarse más que en conectar y estar si vital y muy muy querida siempre riendo a carcajadas 1888..... hoy y siempre.

Las palabras comienzan a comprenderse, a fluir y a ser tanto habladas como escritas en el idioma español.....junto y contado con lo que ya hacemos entonces nos empezamos a independizar en toda nuestra actividad básica completa incluyendo higiene, moda, nutrición con aire, agua y súper alimentos ejercitándonos.....

Estudiamos la raíz de nuestro idioma materno español, el extraordinario latín.....perfeccionando los 2 medios de comunicación escogiendo entonces la vocación sacerdotal.....

No la opción del campo y tampoco la ciudad de León como conductor o conserje.....

Siempre, siempre, siempre creando felicidad para compartir y reflejar, riendo y sonriendo el triple y 13 veces más.

En este trayecto estamos enfocados en 2 lenguas y pues correr, ayudar en el hogar, jugar, en el campo y a nuestra familia.

Estamos en una comunidad pequeña con una población promedio de 100 personas durante toda la travesía 1880-2020, todos somos familia y aparecen las hermanas Álvarez que son las niñas ricas y adoradas del pueblo queridas por todos y todas.

Nuestro abuelo es Don Adolfo Gutiérrez Álvarez, fundador de nuestra fusión de esencias.

El gran cambio en nuestra vida sucede en 1898 con un cuerpo físico de 18 años y 5 esencias fusionadas, 4 sin cuerpo físico.

Todas especialmente conectadas especialmente nuestra abuela Doña Cilinia García ya tiene 10 años de cuerpo físico en otro pueblo llamado Sorrios cercano y mudándose a Santa María de Ordaz.

La isla de Cuba decide independizarse del reino de España y se provoca una guerra inútil donde Estados Unidos de Norteamérica apoya los independentistas.

Esta guerra como todas es la forma perversa del poder para disminuir la población y dirimir controversias todos los humanitos involucrados hasta indirectamente pierden es el más tremendo perder, perder de4 toda la humanidad…..

Quitando vida a cuerpos físicos y entre nosotros mucho peor que los…..

Desastres naturales o las pandemias. Ya que estos son naturales y no provocados.

Lo que hacen con la guerra y la violencia nuestros manipuladores humanitos que las dirigen es abominable y repugnante maldad toxica pura.

Son guerras para matar, bombas atómicas, controlar, poder con estandartes políticos, económicos, religiosos y como sabemos hasta biológicos.

Racismo, esclavitud y manipulación con ejércitos.

El armamento de destrucción masiva nos dirige al petróleo u oro negro el pilar de la economía durante estos 140 años y muchos antes…..

Los egipcios lo utilizan para las momias 3000 A.C. , los babilonios para la construcción y en medio oriente como impermeabilizante.

El uso del mismo como combustible lo realiza también China 347 A.C.

Lo quema para evaporar salmuera y así producir sal…..

El petróleo domina hoy todos los aspectos energéticos y de envasado de nuestras vidas con combustibles, electricidad y plásticos derivados, minas, fábricas y fertilizantes.

Ahora alimentos plásticos como el arroz, también en China.

La guerra es una atrocidad humana inclusive la comercial para ganar dinero destruyendo personas y familias económicamente.

¿Quién puede tener el derecho de enviar soldados a matar y al matadero?

Quien puede tener el derecho por poder, dinero o petróleo controlar el mundo y las guerras, inclusive ahora biológicas, comerciales o de "exterminación"

¿Con el control de humanos por maquinas autónomas?

Quien puede tener el derecho (derectum latín significa recto)

¿Como humanito de controlar con poder por dinero la sociedad humana, el globo terráqueo?

Claramente no hay mal que por bien no venga.

Estamos listos preparados y convencidos de llevar a nuestro cuerpo a un seminario en una vida célibe sin contribuir a la procreación o a la continuidad humanita, mundana.

Somos felices de nuestra decisión por energía positiva y conectividad de esencias con Dios, universo, naturaleza y luz…..

Entonces llega a nuestro diminuto pueblo y donde estamos en el único cuerpo físico de nuestra fusión una orden o convocatoria por escrito….. para unirse a las fuerzas armadas del reino de España y defender para no permitir la independencia legal y humana de la ya famosa isla caribeña de Cuba…..

Rápidamente asimilamos que nuestra educación es la capacidad para afrontar cada situación que se nos presenta en nuestra vida y el gran objetivo es la acción, decisiones…..no conocimientos.

¿La ley del humano o decisión de humanitos que ni siquiera saben quiénes somos? ¿Que queremos? ¿Cuáles nuestra pasión? Para que somos buenos y disfrutamos.

Entonces platicamos con nuestros padres y somos humanitos de bien…..no podemos ir a matar otros humanos no nos late, ni nos nace o permitiremos arriesgarnos para que nos maten nuestro inicio de fusión sabiendo que todavía tenemos que hacer muchísimo en esta tierra por 4 generaciones por ahora con este cuerpo físico 52 años más desde este momento trascendental.

No podemos refugiarnos en el seminario por que revisan y nos obligan a ir a esa guerra inútil o a la cárcel por no ir…..ni tampoco quedarnos en el pueblo ya que nos buscarían hasta encontrarnos lo mismo en 1880 como en 2020.

Santiagon ya muy molesto e indignado por esta particular guerra y totalmente absurda da una sonora palmada en la mesa con mucha energía, la familia y los 8 parientes quedan silenciados…..

De la polémica generada por la convocatoria de la casa real española a Don Adolfo Gutiérrez Álvarez de 18 años de edad con vocación de servir a Dios y a la humanidad sin esperar nada a cambio nada más que poder estar conectado con la familia en esencia.

Aquí es donde realmente comienzan a llegar señales claras de nuestra existencia natural y fusionada, 5 esencias naturales y únicas completamente vinculadas…..la clave está en el riesgo del cuerpo físico del Páter Familiae, el inicio nuestro.

Santiagon toma las monedas de oro y pesetas que logra recolectar y juntar las pone en un cofre y da los datos de un buen amigo del pueblo que reside en la ciudad de México a nuestro abuelo, nuestra esencia fusionada Don Adolfo, con 18 años de cuerpo físico…..para que deserte de las fuerzas armadas y busque fortuna en América con un nuevo proyecto de resto de vida cambiando todo el plan original que no tenía descendencia…..

Nuestro abuelo deserta del ejército español, huye de la guerra de independencia de Cuba, de la hostilidad y la manipulación…..sin fundamento que pierden los 2 bandos desde siempre que se utiliza la violencia para dirimir nuestras controversias o desacuerdos absolutamente.

Don Adolfo Gutiérrez Álvarez con 18 años de edad obtiene de su padre Don Santiagon Gutiérrez todas las monedas de oro que tiene con el nombre y datos de contacto de un gran amigo en la ciudad de México exitoso, soltero y sin descendencia con tiendas de abarrotes con anexo de cantina como negocio funcionando con una carta de recomendación por escrito y firmada.

Emprende hacia San Sebastián el trayecto en caminos rurales y tren para llegar al puerto y pagar el trayecto de ida migrando al puerto de Veracruz, México evitando a militares y policías iniciando nuestra maravillosa aventura de migración....inversa colosal, siempre en el presente nosotros, incluyentes en fusión.

La energía positiva nos lleva a salir de noche del pueblo caminando para llegar al tren de la medianoche que nos conduce al puerto de San Sebastián.....1898.....

En la mañana muy temprano nos embarcamos en el buque a New York en USA y transbordamos en otro buque a New Orleans y Veracruz destino final en el momento.

El trayecto de Veracruz a la ciudad de México tiene 31 días terrestres de duración, arribando buscando al amigo de nuestro padre Santiagon.

Empezamos a Buscar al amigo de nuestro padre Santiagon y a trabajar lavando platos, lozas sin remuneración.....asegurando techo y comida.

Aprendiendo el negocio de tienda de abarrotes con anexo de cantina y la sorprendente idiosincrasia alegre de un México prospero, independiente.....con habitantes peninsulares, criollos, mestizos e indígenas autóctonos.

Épocas de oro gobernadas por Don Porfirio Díaz de prosperidad fluorescente y muchísima alegría con un crecimiento de economía en todos los niveles e infraestructura de nuestro gran país de destino y es donde nacemos en cuerpo físico 3 de las esencias fusionadas, 5 siempre vivas.....

Nuestro padre, Nosotros y Nuestro hijo.

Comienza la prosperidad y la escala de valoración de nuestro trabajo.....

En un periodo de 5 años empezamos a comprar en abonos los 3 establecimientos del amigo de nuestro abuelo Don Santiagon.....

Nos los ofrece al no tener matrimonio ni descendencia y estar realmente cansado de tanto trabajo con más de 60 años de edad, para la época edad promedio de vida.

La flor de Guernica y Chapultepec localizados en el famoso barrio de Tepito y Castilla localizada en el barrio de Peralvillo donde también nacemos en nuestro padre.

Nos acompañan todos los días clientes leales y fieles que abarrotan la cantina y después llevan el mandado, la despensa a la casa comprada en nuestra tienda.

Son tiempos que la cantina exclusivamente admite hombres, sexo masculino, por costumbre y tradición…..

Seguimos trabajando sin parar de las 6 a las 22 horas por 11 años continuos contribuyendo a ahorrar y pagar lo suficiente para liquidar y tomar propiedad de los 3 prósperos negocios.

La vida ahora solamente es trabajar viviendo lo básico techo, comida higiene y ejercicio, los ingresos se reinvierten en los crecientes locales.

Todo cae por su propio peso y empezamos a abandonar la vocación sacerdotal ya intuyendo y pensando más en el matrimonio con una gran mujer y tener hijos, familia…..descendencia.

Ahora el latín aprendido en la adolescencia se vuelve cultura general, secundario.

Se extraña en todo momento la familia y la tierra natal siempre al encontrarnos en total soledad exclusivamente laborando, comiendo y durmiendo los siete días de la semana.

La vida es bella y no se encuentra amor de nuestra vida, esposa a ser en México.

Empieza entonces la decadencia del Porfiriato y la revolución mexicana creando una gran turbulencia socio-económica.

Claro como siempre las personas no dejamos de comer y los negocios siguen creciendo y prosperando.

Increíblemente se compran barricas completas de vino a granel importadas de España y se sirven desde entonces garrafas de la casa, vino a granel en vasos chatos. Es una época donde se ingiere gran cantidad de bebidas espirituosas, aunque realmente siempre se ingieren en gran escala…..se fuma tabaco en cualquier lugar y la movilidad es en carruajes, trenes y buques básicamente aparte de caminar y los caballos.

Ya con negocios propios, un buen ahorro y buenos ingresos se sigue trabajando hasta 1911 y en plena revolución mexicana se decide ir a buscar a España esposa. A la provincia de León, del antiguo reino de León…..encargando los tres negocios a tres personas diferentes y aparentemente leales, nobles.

Nos embarcamos en Veracruz para regresar a la península ibérica el 17 de noviembre de 1911, trece años después del viaje inicial migrando a América.

El año de nacimiento suma 1+8+8+0=8 que es el símbolo de poder, de la habilidad ejecutiva, de la gestión, poder material, capacidad de decisión y mando, liderazgo.

Así emprendemos nuestro segundo viaje, con todos nuestros ahorros y nuestras monedas de oro acumuladas para esta gran ocasión; arras.

Vamos sin prisa y con un buen colchón de ahorros con la ilusión de encontrar nuestra pareja sentimental en matrimonio cruzando el océano atlántico en invierno reconociendo el Titanic y su hundimiento meses después en este periodo del presente 14-15 de abril de 1912.

Llegamos al puerto de la Coruña y posteriormente al pueblo de Benllera trece días después de migración retornada desde las Américas.

Encontramos que el cuerpo físico de nuestro padre Don Santiagon había perecido y fuimos al cementerio a conectar con él en esencia.

Perdemos 4 monedas de oro que son importantes para el retorno, nuestro nuevo hogar en Ciudad de México.

Empezamos a buscar esposa, parecido al cuento de la cenicienta, por toda la provincia de León durante meses sin encontrar la indicada.

Entonces en Santa María de Ordaz observamos caminando una mujer…

..fuerte y joven que nos llama la atención.

Al acercarnos a ella encontramos una belleza natural por dentro y una nobleza a través de los ojos que nos cautiva enamora y llena nuestro corazón con satisfacción.

Comenzamos el cortejo invitándola a comer y sentarse en nuestra mesa de terraza, pero no accede, si nos da su dirección e ir el día siguiente por ella para hacer una caminata por la plaza juntos y conocernos.

Toda la noche nos preparamos mentalmente ya que nos enamoramos a primera vista.

En la mañana temprano nos aseamos, nos ejercitamos, durmiendo, descansado muy bien 8 horas previas…..quedamos preparados emocionalmente para ese tercer encuentro.

Salimos del poblado al campo a buscar flores silvestres y recolectarlas en un gran ramo tratando de causar el mismo impacto reciproco que nos late de esta chica, trabaja de costurera y son en total 8 hermanos en su casa.

Entonces llegamos al portón de su casa muy bien presentados y con formidables olores naturales esperando causar la mejor impresión.

Nuestro corazón se acelera latiendo velozmente, tenemos mucha emoción y nerviosismo al ser nuestra primera mujer en la vida que cortejamos ya llenando nuestro corazón…..

Previamente nuestra actividad es familia, campo, laboro, hogar, latín y preparación teológica para servir a Dios y a la humanidad.

Nos abre el portón su padre con impecable educación y preguntas serias de cuáles son nuestras intenciones con su hija.

Nacida en cuerpo físico en 1888 y ya con 23 años cumplidos, nosotros tenemos 31 años cumplidos.

Nos ofrecen unos pimientos de Villafranca del Bierzo y tapas más un buen chato de vino en la espera de que salga a nuestro encuentro Doña Cilinia García González de soltera, la primera gran abuela en la fusión celular del mar de esencias conectadas.

La conexión al cruzarse nuestras miradas es un apapacho inmediato mutuo, los dos nos congelamos sin emitir sonido, somos sin duda con asertividad pareja sentimental, matrimonio y padres de cinco hijos.....

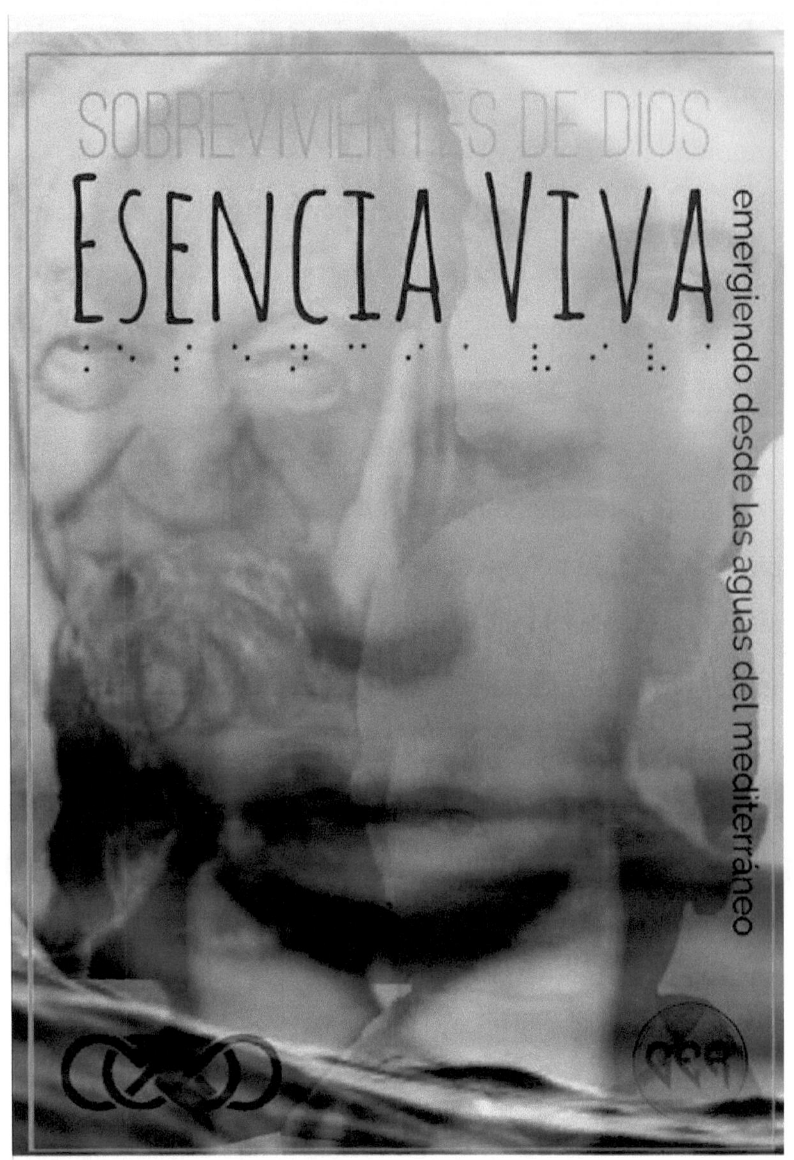
SOBREVIVIENTES DE DIOS
ESENCIA VIVA
emergiendo desde las aguas del mediterráneo

Printed by Books on Demand GmbH, Norderstedt / Germany

BIN TRAVERLER FORM

Cut By: Irene #6 Qty 30 Date 9/14/26

Scanned By: ________ Qty ________ Date ________

Scanned Batch ID's

________ ________ ________

Notes / Exceptions

____